Publications des « TEMPS NOUVEAUX » — N° 68

C. A. LAISANT

L'ÉDUCATION DE DEMAIN

Prix : 10 centimes

Aux Bureaux des « TEMPS NOUVEAUX », 4, rue Broca, Paris

Publications des « TEMPS NOUVEAUX »

C. A. LAISANT

L'Éducation de demain

Prix : 0 fr. 10

2e Tirage, 20,000 Exemplaires.

PARIS
LES TEMPS NOUVEAUX
4, Rue Broca, 4

1913

Préface à la Deuxième Édition

En publiant, à plusieurs années d'intervalle, cette deuxième édition de *L'Education de demain*, je n'y vois aucune modification à faire.

Les événements accomplis au cours de ces dernières années n'ont fait qu'apporter une confirmation constante aux idées qu'on trouvera développées ci-après, et dont je suis pénétré depuis longtemps déjà. Elles pourraient presque se résumer dans les deux propositions suivantes :

Education veut dire libération ;

L'éducation est le gage de la transformation sociale qui s'apprête.

On pourrait croire que la bourgeoisie gouvernante s'est dirigée dans les voies de la réaction avec une résolution plus accentuée, à juger superficiellement les choses. Ce serait une erreur. La bourgeoisie a toujours été farouchement réactionnaire. Mais elle tentait de masquer son jeu. Aujourd'hui, elle est forcée de se montrer telle qu'elle est ; c'est un signe de faiblesse.

Contre elle se dressent toutes les consciences. Contre elle doivent se liguer tous les amis de l'éducation.

Je remercie de tout cœur, en terminant, la vaillante escouade des *Temps Nouveaux* ; c'est grâce à elle que peut voir le jour cette édition nouvelle. Il serait à souhaiter, pour la cause de l'éducation, qu'elle pût trouver beaucoup de défenseurs aussi résolus et courageux.

C. A. LAISANT.

L'ÉDUCATION DE DEMAIN

I. — Position du Problème.

Le grand problème de l'éducation, ainsi que j'ai déjà eu l'occasion de l'écrire (1), se pose de la façon suivante dans toute son ampleur :

Etant donné un être humain venu au monde, développer harmonieusement toutes ses facultés, de manière à porter au maximum son activité, dans une direction utile à lui-même et à ses semblables.

Cet énoncé indique le but vers lequel on doit toujours tendre, sans avoir la prétention de jamais l'atteindre définitivement ; il comprend le développement intégral de l'être humain, au point de vue physique, intellectuel, moral et social.

Je ne m'occuperai pas, ici, de l'éducation physique, qui mériterait à elle seule une étude détaillée. Il me suffira de dire une fois pour toutes que c'est folie de vouloir développer une intelligence robuste dans un corps débile. L'être chétif, affaibli par manque d'exercice ou par la privation que lui impose la fatalité de son état social, ne développera jamais son cerveau normalement, sauf de très rares exceptions.

Non seulement, dans l'état présent des choses, le problème, impossible à résoudre absolument, n'est pas résolu relativement ; mais à peu près partout, dans le monde soi-disant civilisé, on tourne le dos au but qu'il s'agit d'atteindre. Pour préciser, c'est surtout de la France que nous parlerons ; à peu de chose près, il en est de même dans les autres pays.

On confond assez volontiers les mots « Education et

---

(1) L'éducation fondée sur la science (p. 105) ; vol. de la Bibliothèque de Philosophie contemporaine ; Paris, F. Alcan.

Enseignement » ; ce dernier cependant ne comprend que l'éducation intellectuelle.

La confusion est sans inconvénient grave, car (après le développement physique) c'est le développement intellectuel qui domine tout. C'est assez dire que toute éducation saine ne peut reposer que sur la raison, sur des données positives, sur le respect de la vérité scientifique; et qu'on en doit proscrire l'emploi d'hypothèses métaphysiques qui sont le poison du cerveau et le vouent à la paralysie.

Si la plupart des enseignements officiels ont fait appel aux secours des religions révélées, ou d'une métaphysique nuageuse non moins dépourvue de raison, c'est parce que les gouvernements se donnent pour but de former des gouvernés, non pas des hommes. Tout esprit libre est un agent de révolte. Par suite, chaque progrès vers la solution du problème de l'éducation marque un recul de la puissance des gouvernants, d'ordre religieux ou laïque, soutiens naturels de la discipline des cerveaux et des consciences. Education veut dire libération ; gouvernement veut dire soumission à une autorité. Education officielle, par conséquent, signifie conciliation entre la liberté et l'esclavage, ou plutôt tentative de conserver l'esclavage en ayant l'air de faire des concessions à la liberté. Ces concessions, même apparentes, ont une grosse importance, parce que, imposées par la peur, chacune d'elles correspond à un pas de plus vers les idées d'affranchissement.

II. — Les divisions de l'enseignement.

Chacun sait, qu'en France, l'enseignement officiel est divisé en trois branches : enseignement primaire, enseignement secondaire, enseignement supérieur. De ce dernier il y a peu de chose à dire. On le distribue à des adultes, hommes ou femmes, préparés à le recevoir par leurs études antérieures, et dont le cerveau a déjà reçu un commencement de formation. L'action éducative directe est donc à peu près nulle. De ce que dit le maître, l'élève ne prend que ce qu'il veut bien ; il est à même de discuter et de critiquer ; bien ou mal, — là n'est pas la question — il critiquera et il discutera. Restent donc les deux autres divisions : enseignement primaire et enseignement secondaire. En apparence, l'enseignement primaire doit comprendre les connaissances simples, générales, indispensables à tous, et servant de préparation à l'enseignement secondaire, pour les enfants qui seront appelés à recevoir celui-ci. En fait, nous allons le constater bientôt, il n'en est pas ainsi, tant s'en faut. Quant à l'enseignement secondaire, il n'a cessé de subir des crises successives et des transformations multiples qui sont l'indice de son état de lamentable misère. Il n'y a pas bien longtemps encore, les connaissances distribuées par cet enseignement comprenaient surtout un fatras artificiel de langues mortes, d'histoire conventionnelle, dénommé par antiphrase *humanités* ; les vérités scientifiques y occupaient une place nulle ou insignifiante. Malgré les changements opérés, rappelant assez bien les changements de position d'un malade qui se retourne dans son lit, un universitaire qui doit s'y connaître, M. Gaston Téry, pouvait écrire récemment :

« Il est impossible de comprendre notre système « d'éducation si l'on ne commence par se bien pénétrer « de ce principe que l'Université se propose simplement « d'enseigner l'Ignorance. . . . .

« Oui, faire des ignorants, voilà notre idéal pédago- « gique.

. . . .

« Notre lycée est une solide boîte en briques, où nos « élèves sont aussi parfaitement retranchés du monde « que s'ils vivaient dans un souterrain. Pauvres petits ! « On les habitue si bien à ne rien voir qu'ils finissent « par devenir aveugles, comme les poissons des mers « profondes. »

C'est dans les lycées et dans les collèges que se donne l'enseignement secondaire officiel. C'est aux écoles qu'appartient l'enseignement primaire. Or, la plupart des lycées ont institué des classes primaires recevant de tout jeunes enfants. D'autre part, sur tous les points où l'enseignement primaire a pris un développement considérable, on a été conduit, sous le nom d'enseignement primaire supérieur, à instituer des établissements qui en fait distribuent une instruction secondaire, avec un peu moins de langues mortes en général.

Cette invasion réciproque des deux enseignements suffit à montrer combien la division est fausse, combien mensongères sont les apparences.

La vérité, c'est que les établissements d'enseignement secondaire sont réservés aux enfants de la bourgeoisie, les écoles primaires aux enfants du peuple.

C'est une coupure sociale, et pas autre chose.

Il faudrait être aveugle pour se refuser à la voir. Et cela s'explique par ce fait que les divers gouvernements qui ont sévi sur notre pays depuis la Révolution n'ont été que des syndicats d'intérêts bourgeois, ayant pour but d'assurer la prédominance de la classe dirigeante, sa puissance d'exploitation, la conservation de ses privilèges. Il importait donc de réserver aux petits bourgeois le monopole d'un enseignement d'ordre plus élevé, en laissant aux petits prolétaires la connaissance rudimentaire du français et de quelques règles d'arithmétique, bien suffisante à de futurs exploités.

Le calcul s'est trouvé déjoué, cependant, comme le sont souvent les calculs inspirés par la peur. Logiquement, il eût fallu refuser au peuple jusqu'à l'enseignement de l'alphabet. Et, à l'heure actuelle, la possibilité de lire et d'écrire, donnée à tous les prolétaires des jeunes générations, est le plus terrible des germes de révolution sociale. Il est même arrivé une chose assez curieuse; c'est qu'en dépit de tous les efforts administratifs et gouvernementaux, l'enseignement soi-disant privilégié est tombé dans un état de marasme et de décrépitude dont donne bien l'idée la citation de M. Téry, que nous produisions plus haut. Lycée et école primaire sont deux *abrutissoirs*; mais le premier est d'un effet beaucoup plus puissant que la seconde, parce que l'élève de l'école primaire conserve encore le contact avec la vie, alors que l'élève du Lycée est enfermé dans le domaine de la mort.

Et tous les efforts n'y sauraient rien faire; malgré la valeur des maîtres, malgré les sacrifices d'argent, la bourgeoisie dirigeante, dans son horreur du prolétariat, recevra de plus en plus une éducation fausse, artificielle, anti-humaine et deviendra de plus en plus incapable de rien diriger.

D'autre part, l'instituteur primaire prend chaque jour plus d'importance et son action ne cesse de gagner du terrain.

Modestement instruit, pourvu d'un salaire de famine, persécuté, calomnié, accablé d'un travail ingrat et absurde, il fait tête à tout obstacle. Il lutte, il s'élève, et bientôt les colères soulevées contre lui de tant de côtés seront réduites à l'impuissance.

Il n'y a donc pas lieu de trop se désoler de l'état de choses actuel, en ce sens qu'il produit des résultats justement contraires à ceux que se sont proposés les créateurs du système. Néanmoins, nous n'exagérions pas en affirmant plus haut que tous nos établissements d'instruction sont des officines d'abrutissement.

Il en est ainsi, surtout pour l'éducation des tout petits enfants; et cela, parce qu'on méconnaît systématiquement les qualités et les lacunes du cerveau de l'enfant, parce qu'on ignore ou qu'on méprise sa psychologie.

L'enfant a une mémoire prodigieusement facile, mais fugace; il enregistre merveilleusement les faits qui l'intéressent; mais pour que la trace en demeure permanente, il faut que l'intérêt existe, et il faut souvent aussi des enregistrements réitérés. D'autre part, sa curiosité est grande; il a le goût de savoir, de comprendre, tout en étant radicalement rebelle aux raisonnements de la logique formelle qui ne disent rien à son esprit.

De cet état psychologique, il résulte que le premier enseignement devrait avoir exclusivement une apparence d'amusement, de jeux; portant sur des objets concrets, réels, il se proposerait d'exciter sans cesse la curiosité, de provoquer à la découverte, et parviendrait de la sorte à emmagasiner sans efforts, sans ennui, dans l'esprit de l'enfant, au bout de quelques années, un précieux ensemble de notions utiles.

Reposant sur le respect de la liberté de l'être humain, sur l'observation consciencieuse des dispositions cérébrales propres à chaque élève, cette méthode l'amènerait ainsi vers l'âge de 11 à 12 ans, à pouvoir aborder la période *d'étude*. Celle-ci, longue ou courte, qu'elle s'arrête à 13 ou 14 ans ou se prolonge au-delà de 20, sera dans tous les cas singulièrement plus fructueuse qu'aujourd'hui.

La raison amène donc à dire qu'à la division artificielle : enseignement primaire — enseignement secondaire — devra être substitué la suivante : Initiation — Etude.

Or, dans la pratique de l'enseignement primaire actuel, on fait à peu près juste le contraire de ce que nous venons de dire. La mémoire est heureuse, on en abuse; on fait apprendre par cœur, on enseigne des raisonnements, des formules qui ne peuvent rien dire à l'esprit de l'enfant; on les lui met de force dans la mémoire, et, en le torturant, on lui fait retenir, quoi? Des mots, rien que des mots. Sa curiosité, on lui en fait un crime; ses questions, on les élude ou on le fait taire.

Il est difficile qu'il en soit autrement quand on voit, ce qui n'est pas rare, des classes de 60 ou 80 jeunes enfants confiés à un seul instituteur. Ce ne sont plus là des écoles, mais des bergeries, des garderies de petits animaux qu'on essaie simplement de réduire au silence. Cet odieux spectacle ne se prolongera pas longtemps, même dans notre monde barbare, qui se prétend civilisé. Il faudra bien et à bref délai, qu'à la fiction succède la réalité, qu'à l'apparente instruction primaire succède l'initiation véritable, préparatoire à l'étude future, et reposant sur la base solide des connaissances rationnelles, scientifiques, dont l'humanité est déjà en possession, et qui cependant ne sont rien, en comparaison de ce qu'elle possèdera un jour.

III. — L'Initiation scientifique.

Dans un domaine qui m'est plus spécialement familier que les autres, j'ai publié un petit livre (1) qui s'inspire des considérations indiquées ci-dessus et résume près d'un demi-siècle de réflexions et d'observations. En vertu d'un préjugé très général, les sciences mathématiques, ayant un caractère abstrait, il pouvait paraître qu'ici la tâche était particulièrement difficile. J'ai montré qu'au contraire elle était tout à fait simple si l'on voulait y mettre un peu de conscience et de bonne volonté. Les correspondances reçues à l'occasion de cette publication de l'*Initiation Mathématique* et la rapidité avec laquelle ont été enlevés les exemplaires mis en vente, m'ont montré quel écho j'avais rencontré, surtout dans le monde de l'enseignement primaire; car si j'étais sûr de la justesse de ma thèse, je ne l'étais pas autant de moi-même; et je me demandais si, du premier coup, j'arriverais à me faire comprendre.

Or, ce qui semblait malaisé dans le domaine mathématique, ne peut plus le paraître quand il s'agit des autres sciences.

En physique, en chimie, par exemple, en suivant la trace marquée par Gaston Tissandier dans son bel ouvrage : *La Physique sans Appareils*, *La Chimie sans Laboratoire*, il est facile d'instituer toute une série d'expériences, réalisables à l'aide d'objets usuels, et d'une action éducative efficace; en astronomie, avec quelques promenades, le jour et le soir, quelques figures explicatives, quelques appareils improvisés donnant des images schématiques, on amuserait au plus haut point les enfants, on développerait en eux l'esprit d'observation et on meublerait sans efforts leur mémoire de bien des notions précieuses; les merveilleux livres de

---

(1) *Initiation Mathématique*, ouvrage étranger à tout programme, dédié aux amis de l'enfance; Paris, Hachette; Genève, Georg.

Flammarion nous montrent que donner une « Initiation Astronomique » ne serait qu'un jeu pour lui (1).

Dans les sciences naturelles, Géologie et Minéralogie, Biologie végétale (Botanique) et animale (Zoologie) on arrive peut-être plus facilement encore à intéresser les petits enfants. (2)

A la campagne, notamment, des promenades fréquentes, des classes au grand air fourniraient des occasions incessantes d'accumuler une foule d'observations, de former des collections scolaires, de véritables petits musées d'histoire naturelle.

Enfin, l'initiation géographique devrait également prendre place ici, se rattachant à la géologie d'un côté, à l'astronomie de l'autre; elle ferait usage des cartes, des plans des villes, des images représentant les paysages, les monuments, les costumes divers, les types d'habitants des différentes parties du monde.

C'est certainement l'une des branches de l'enseignement des tout petits qui peut les intéresser le plus vivement si l'on s'y prend bien et si surtout l'on évite avec soin la récitation fastidieuse de noms appris par cœur, simples mots logés dans la mémoire et qui ne répondent à rien de réel.

IV. — L'Initiation Littéraire, Artistique et Morale.

Les bases de tout enseignement doivent être scientifiques, c'est-à-dire rigoureusement conformes à la raison; il importe de proscrire tout appel direct ou indirect

(1) *L'Initiation Astronomique* a été publiée depuis la première édition de la présente brochure et a obtenu un grand succès.

(2) Des *Initiations* à la Zoologie et à la Botanique ont également été publiées; toutes deux sont de Brucker; celles consacrées à la Chimie (Dargens) et à la Physique (Carré) ont aussi reçu du public un excellent accueil.

à des notions surnaturelles ou extra naturelles. Mais conclure de là que l'enseignement doit exclusivement se confiner dans le domaine technique de la science serait un véritable sacrilège, une diminution de l'être humain; il était réservé à notre époque de mensonge et d'absurdité de créer une opposition, une contradiction même, entre les sciences et les lettres, comme si l'esprit humain pouvait se découper ainsi par tranches. La vérité, c'est que, même dans le premier enseignement, dans la période d'initiation, il faut faire à ce qu'on appelle « les lettres » une place importante. Arriver à posséder sa langue maternelle, à la manier par la parole ou par l'écriture, s'exercer à exprimer sa pensée le plus clairement et le plus élégamment possible, tel est le premier point; avec de nombreuses lectures, bien choisies, des dictées courtes, des exercices simples, on peut y arriver facilement; mais il faudrait commencer par jeter au feu le tas des infâmes grammaires écrites par des cuistres infâmes, tortureurs d'enfants et piliers d'ignorance. C'est tout au plus si dans l'enseignement supérieur, il peut y avoir quelque intérêt à se livrer à des études grammaticales; mais les imposer à un petit enfant, c'est un crime.

Il y aurait aussi intérêt, chaque fois que la chose serait possible, à enseigner au petit enfant la pratique élémentaire d'une langue étrangère. Ce serait tout simple, pourvu qu'on eût un instituteur connaissant cette langue, mais à la condition, là encore, de proscrire rigoureusement tout enseignement grammatical.

Par contre, on peut et on devrait dès maintenant donner partout aux enfants les éléments de la langue internationale Esperanto qui, avant un siècle d'ici, sera universellement adoptée comme idiome second et auxiliaire, à côté de la langue maternelle, pour toutes les relations internationales.

L'histoire, dans notre période d'initiation, doit occuper une place importante. On commencerait pour bien expliquer aux enfants qu'on va leur exposer des faits que nous ne pouvons pas vérifier nous-mêmes, puisqu'ils se sont passés il y a bien longtemps; mais qu'en rapprochant et comparant les narrations qui nous en ont été faites, des hommes très patients et très habiles sont parvenus à donner à ces faits une grande chance de véracité. On s'en tiendra du reste aux grandes lignes, aux événements considérables, en essayant de montrer leur enchaînement quand la chose est possible, mais en prenant toujours la forme anecdotique, simple, et éclairée le plus possible par les images, les projections, etc.

Dans cet ordre d'idées, le premier enseignement pourrait s'intituler : Initiation à l'histoire des sociétés humaines. Depuis l'époque des cavernes jusqu'au XXe siècle, on montrerait comment ont successivement vécu, comment se sont groupés, comment ont évolué les animaux bimanes qu'on appelle les hommes. Il y aurait besoin, dans cet aperçu rapide, de prononcer très peu de noms propres, de signaler à peine les grands crimes que sont les guerres, et les grands scélérats qui les ont commis. C'est plus tard seulement que l'enfant a l'esprit droit, dont la conscience n'aura pas été comme aujourd'hui systématiquement déformée, prendra, au simple récit des faits, l'horreur des scélérats, des fléaux de l'humanité que glorifient les monstres universitaires, et auxquels les nations imbéciles ont élevé des statues, qu'il faudra réunir plus tard dans un musée spécial.

Une fois l'enfant arrivé à l'âge de huit ou neuf ans, il y aurait lieu de l'initier à l'histoire des mythologies, en insistant sur celles que nous connaissons le mieux, la mythologie grecque et la mythologie juive, puis chrétienne. On lui montrerait de quelle manière naissent et meurent les religions, comment elles évoluent, comment, à côté, progressent les connaissances humaines et s'accroît en nombre et en importance la somme des vérités découvertes.

Socrate, Hypathie, Galilée par exemple, peuvent fournir matière à des récits qui n'ont pas besoin de longs commentaires pour laisser dans l'esprit de l'enfant une trace durable et bienfaisante.

On dira peut-être que c'est là un enseignement antireligieux. Nous l'avouons sans honte. Les religions, et plus spécialement ce qu'on appelle de nos jours « la religion », représentent l'absurdité, l'exploitation de la bêtise et de la peur ; elles distribuent la mort, et nous voulons vivre; elles subsistent par le mensonge, et le monde a soif de vérité; et aux défenseurs de ces tristes vestiges du passé, il ne reste même plus l'excuse de la foi.

Tout enseignement rationnel et humain doit donc être anti-religieux, par la nécessité même des choses.

Au surplus, nous n'avons guère en vue que l'éducation des enfants du peuple.

S'il plait à quelques bourgeois attardés de continuer à empoisonner leurs petits, moralement et intellectuellement, nous n'y pouvons rien, tant qu'existera ce qu'on appelle « la liberté du père de famille »; nous avons le droit de le déplorer pour les pauvres victimes de cet empoisonnement, et voilà tout.

Mais au point de vue social, le mal ne sera pas grand; car si la bourgeoisie dirigeante ajoute, de son fait, aux autres monopoles qu'elle détient, celui de l'ignorance et de la stupidité, cela ne la fortifiera pas beaucoup dans sa lutte contre l'avènement inévitable d'une société nouvelle.

L'être humain n'a pas seulement soif de vérité, mais de beauté. L'initiation artistique ne doit donc pas être négligée. Non seulement par les premières notions du dessin et de la musique on développera les facultés de l'œil, de la main, de l'oreille; mais les richesses artistiques des musées, dans les villes, les promenades dans les régions voisines de l'école où se trouvent des sites remarquables seront autant de moyens à utiliser. On devra s'attacher aussi à accumuler des reproductions des œuvres les plus célèbres des peintres et des sculpteurs de tous les temps et de tous les pays. La photographie permet aujourd'hui de former de telles collections facilement et à très peu de frais. Quelques entretiens sur l'histoire de l'art et des artistes, permettraient aussi à un instituteur digne de sa tâche, de fixer l'esprit de l'enfant, d'attacher son admiration à la mémoire de ceux qui embellirent le monde, à l'acheminer, pourrions-nous dire, vers la *religion* de la beauté, s'il était permis d'employer un terme aussi vil pour exprimer une idée aussi noble.

L'initiation morale a droit, également, à une place

dans l'éducation de l'enfant. Mais elle l'a, nous dira-t-on peut-être. L'instruction morale et civique figure dans les programmes actuels de notre enseignement primaire.

Ah ! laissez-nous rire. Si vous comptez sur la collection des manuels d'instruction civique et morale répandus dans nos écoles pour former autre chose que des monstres, vous êtes vraiment pourvu d'une belle crédulité ; plus bêtes que des catéchismes, parce que les catéchismes au moins n'ont pas la prétention de faire appel à la raison, prétendant inspirer le respect de ce qu'il y a de moins respectable, ces affreux petits livres ne pourraient que dégrader et pourrir les consciences s'ils produisaient réellement un effet quelconque. Leur plus grand mérite, c'est de rester incompris des jeunes enfants qui les récitent par force.

La morale rationnelle ne s'enseigne pas par des préceptes, surtout au début de la vie. On dit à l'enfant : sois bon, et on lui fait l'apologie de la méchanceté ; sois juste, et on lui apprend à respecter l'injustice triomphante.

Il suffirait de se montrer juste et bon envers lui. Il n'y aurait même pas à lui dire : sois libre ; mais il faudrait, par la pratique des actes de chaque jour, lui montrer qu'on a le respect de cette liberté, en ajoutant qu'elle ménage des mécomptes à ceux qui prétendent en user sans respecter eux-mêmes la liberté des autres.

Un peu plus tard, une fois que l'enfant aura pu acquérir ainsi par voie expérimentale des notions morales, peut-être un peu confuses et inconscientes, mais justes et utiles quand même, on pourra se risquer avec prudence à formuler quelques préceptes ; mais il faut se montrer bien réservé dans cette voie. Une saine morale pourrait se résumer en deux aphorismes : sois libre, et respecte la liberté des autres. De là découlent toutes les conséquences morales, les unes accaparées par les religions, les autres proscrites au contraire par elles ; par exemple : Rends le bien pour le bien — aime les autres hommes — oppose-toi à l'injustice — révolte-toi contre elle, même lorsqu'elle ne t'atteint pas directement.

Mais ces diverses formules resteraient vaines si on les

apportait toutes faites. Elles pousseront d'elles-mêmes dans l'intelligence et la conscience si on y a jeté à propos les germes nécessaires, et permettront alors de s'élever jusqu'à la haute notion scientifique de la solidarité, de l'association, de l'effort libre en commun, destiné à accroître chaque jour l'empire de l'homme, sa puissance contre les forces antagonistes de la nature, et à détruire définitivement l'action abusive de l'homme sur l'homme.

Ce qu'on appelle communément *morale*, à l'heure actuelle, ce qu'on enseigne sous ce nom, spécialement sous le couvert des doctrines religieuses, c'est ce qu'il y a de plus immoral au monde. La maxime qui prescrit de rendre le bien pour le mal, par exemple, est une sorte de prime aux violents et aux méchants, leur garantissant l'impunité.

Le précepte qui ordonne la résignation est un enseignement propre à des lâches et favorable aux criminels. Notre hypocrite morale officielle est empoisonnée de mysticisme, et destinée à des esclaves. La morale humaine de demain sera génératrice de liberté.

Encore une fois, elle ne peut être enseignée que par la vie; mais c'est dès le début de la vie qu'il importe d'orienter l'être humain dans la direction où plus tard il marchera lui-même.

V. — La Période de l'Étude. L'Enseignement intégral.

L'enfant ayant terminé la première période de son éducation, à laquelle nous avons donné le nom d'Initiation, saurait, à l'âge de onze ou douze ans, beaucoup plus de choses utiles que n'en savent aujourd'hui les élèves au terme de leurs études primaires. Il en serait arrivé là sans efforts, sans contrainte, sans qu'on eût jamais fait appel direct à sa mémoire.

Son cerveau aurait en réserve toutes les énergies que détruit notre système actuel; et sa curiosité, mise en éveil sur les grands problèmes que nous présentent la nature et la vie, le pousserait à vouloir avancer plus loin.

Il faut aller plus loin, en effet, et aborder l'étude, exigeant l'emploi du raisonnement formel, l'attention soutenue sur un même sujet. Mais tous les enfants ne sont pas doués d'aptitudes égales, et cela dans des directions quelconques. Aussi, dans la période de l'étude, et surtout au début de cette période, est-il nécessaire et même indispensable de pousser aussi loin qu'on le peut l'observation psychologique de chaque élève et de commencer à le diriger en conséquence.

A tous, cette éducation qui donne l'habitude et le goût du travail personnel doit être distribuée. Pour quelques-uns, elle se bornera peut-être à deux ou trois années; pour d'autres, elle s'étendra jusqu'à l'âge d'homme.

Mais quel que soit l'instant où l'élève quittera les bancs de l'école, il faut que l'ensemble des connaissances acquises représente pour lui un bagage intellectuel effectif, utile, devant lui servir dans la vie.

Il y a donc une sélection graduelle à opérer, suivant les capacités et les aptitudes. Aujourd'hui, comment se fait-elle ? Uniquement par la situation sociale des familles, ou pour mieux dire par le degré de fortune. Aux pauvres, l'école primaire suffit. Aux riches, le lycée, avec ses études classiques. Les premiers devront rester prolétaires; les autres, fils de bourgeois, doivent devenir bourgeois. Exceptionnellement, je le sais, et par une sorte de charité, sous forme d'allocation de bourses, on permet à quelques petits pauvres, ayant bien travaillé, ou entourés de protecteurs assez puissants, de prétendre à devenir de petits bourgeois. Mais ce n'est qu'une exception.

Donc, pour les élèves, bourgeois ou boursiers, admis à l'enseignement secondaire, le lycée ouvre ses portes. Il les referme plus vite encore, et pendant huit ou dix ans, travaille à déformer les intelligences par une éducation artificielle, anti-humaine, malfaisante, qui laisse de côté les éléments utiles à la vie, s'attachant seulement à ce qui ne pourra servir à quoi que ce soit.

En enseignant surtout les langues mortes, le culte de

la force et du succès, l'adoration de la laideur morale, on prépare des bacheliers au lieu de former des hommes, et on jette dans la vie de pauvres êtres ahuris, désemparés, qui ne comprennent rien au monde moderne et sont appelés à devenir demain nos dirigeants. Ce sont des monstres ; mais on ne saurait le leur reprocher ; c'est l'éducation qui les a fait tels.

Dans un système raisonnable d'éducation, au contraire, l'enseignement serait intégral, c'est-à-dire porterait sur l'ensemble des connaissances humaines vraiment utiles, et irait en s'élevant sans cesse, pour se spécialiser ensuite dans telle ou telle direction, suivant les aptitudes diverses des élèves, et les conduire, au besoin, jusqu'aux portes de l'enseignement supérieur.

Il n'est pas possible que la stupidité du régime actuel n'en amène pas la disparition, et peut-être plus vite qu'on ne l'imagine. Bien des symptômes permettent de l'espérer, parmi lesquels on doit noter ce qu'on a appelé la crise de l'enseignement secondaire.

Et dans l'inévitable transformation qui se produira, on trouvera au premier rang, parmi les démolisseurs, les professeurs de l'enseignement secondaire eux-mêmes.

Il est en effet très remarquable et très étonnant que l'horrible enseignement actuel soit donné par un corps de professeurs instruits, éclairés, consciencieux, désireux de bien faire, et dont beaucoup ont le dégoût du métier qu'on leur impose. Que demain l'enseignement intégral populaire soit institué, et il n'y aura pas à se mettre l'esprit à la torture pour trouver le personnel enseignant. Il est là, tout prêt; et c'est avec joie qu'il fera demain sa bonne tâche, au lieu du métier répugnant auquel ou le condamne aujourd'hui.

Les mêmes professeurs, chargés de déformer les cerveaux, seront heureux de les éclairer et de les libérer, en se libérant eux-mêmes.

VI. — L'Auto-éducation.

Quand nous quittons l'école primaire, le lycée ou les écoles supérieures, pour entrer dans la vie, nous pouvons dire sans rien exagérer que notre éducation commence. Nous voulons parler de l'éducation vraie, celle que nous nous donnerons à nous-mêmes avec le concours des faits de la vie. Cette *Auto-éducation*, pour tout être humain digne de ce nom, se poursuit jusqu'à la mort et ne cesse de produire son effet à tout instant.

Suivant la très juste expression de Spencer, dans l'éducation de l'enfance et de la jeunesse, le gouvernement vient du dehors; dans la période de l'auto-éducation, il vient du dedans.

Et comme il n'y a rien qui puisse exister cérébralement en nous sans être accepté par nous-mêmes, il s'ensuit que le but principal de l'éducation première, doit être de préparer l'auto-éducation. Alors même que le gouvernement semble venir du dehors, il doit s'attacher à rendre facile l'exercice du pouvoir pour son successeur, ce gouvernement du dedans, seul souverain légitime, puisqu'il est seul en possession de notre conscience.

Sous une autre forme, on peut dire que faire l'éducation d'un enfant, c'est faire de lui un être libre. La liberté seule lui donnera l'énergie nécessaire pour poursuivre utilement ensuite ce travail incessant sur soi-même, qui nous perfectionne et nous modifie continuellement, sans que nous puissions avoir la conscience très exacte de ces modifications.

L'auto-éducation, théoriquement comprise et définie comme nous venons de le dire, est le plus puissant facteur d'accroissement de l'être humain, en science et en conscience.

Dans la pratique des choses, et dans nos sociétés actuelles, il n'en va pas tout à fait ainsi. D'une part, la masse des prolétaires, des exploités, écrasés physiquement par un labeur quotidien excessif, est par cela même assez déprimée au physique et au moral pour devenir incapable de l'effort soutenu qu'exige l'auto-éducation.

Quand on rentre au logis le soir après une journée d'extrême fatigue, quand on se dit qu'il faudra être debout le lendemain de bonne heure, on n'a guère le cœur à sortir pour aller entendre un cours, pour augmenter le champ de son activité intellectuelle. Le repos, le repos physique seul, s'impose impérieusement, et il faut un certain courage pour s'assujettir à une simple lecture; pour travailler, pour méditer, il faut un véritable héroïsme dont bien peu sont capables.

Hâtons-nous d'ajouter que sur l'autre versant social, le tableau n'est pas plus brillant. Les dirigeants, les possédants, les pourvus, les satisfaits, arrivent à la vie avec toutes les idées fausses, toutes les erreurs, tous les préjugés qu'entraîne l'éducation classique, fortifiés par l'influence du milieu social où ils sont nés. L'égoïsme, l'ambition, la vanité, les frappe d'un irrémédiable aveuglement, et leur existence entière s'écoulera, pour la plupart d'entre eux, sans qu'ils soupçonnent même l'existence du monde qui les entoure, le jeu des forces qui animent ce monde. Beaucoup, parmi ces privilégiés, arrivent à perdre totalement le goût du travail, à ne poursuivre que les plaisirs les plus futiles ou la satisfaction des plus bas instincts; d'autres consacrent entièrement l'énergie qui leur reste à écraser leurs concurrents pour arriver plus vite, à se perfectionner dans l'intrigue, dans la ruse, dans la perfidie. Graduellement ainsi, au lieu d'un perfectionnement, c'est à une dégradation morale que nous assistons dix-neuf fois sur vingt.

En fin de compte, l'auto-éducation qui devrait être presque tout, se réduit à peu près à rien. Les uns ne peuvent pas se la donner, les autres ne le veulent pas. Il n'est pas extraordinaire, dans ces conditions, que le progrès des esprits, s'accomplisse avec une lenteur désespérante, et que le monde actuel, malgré sa prétention comique à la civilisation, reste en moyenne à une période de sombre barbarie. Il n'y aurait aucune raison pour voir jamais une issue à cette situation absurde, si quelques êtres humains, faisant exception à la grosse masse, ne pratiquaient quand même l'auto-éducation. Ce sont ceux-là qui préparent le monde à venir et transforment le monde présent. En s'exerçant à cette œuvre terriblement révolutionnaire : penser par soi-même, en n'acceptant pas les sottises toutes faites; en cherchant la vérité, en la criant de toutes leurs forces quand ils croient sincèrement l'avoir trouvée, ils changent à tout instant l'équilibre des choses, ils provoquent les autres à les imiter. Or, si chacun les imitait, si le quart seulement du genre humain s'avisait de réfléchir, faisait travailler son cerveau, ce serait le bouleversement du monde actuel, l'effondrement de la barbarie et le début de la civilisation.

VII. — L'Éducation populaire. — Les U. P.

L'insuffisance des notions acquises à l'école primaire, depuis longtemps, a frappé beaucoup de bons esprits qui s'attachèrent à former des associations ayant pour objet de compléter l'enseignement des enfants du peuple. Des cours du soir, des leçons destinées aux adultes furent créés en grand nombre, dans quelques villes surtout, et ont rendu des services qu'il serait injuste de méconnaître. Cet enseignement a porté sur des sujets très divers, mais principalement sur des matières techniques pouvant avoir une utilité immédiate. Dans l'ensemble, cependant, les résultats n'ont pas été en proportion avec les généreux efforts mis en œuvre, et cela par une raison d'ordre général, parce qu'on venait se heurter à un obstacle insurmontable, dans l'état social actuel.

Si jadis on retirait prématurément un enfant de l'école, si maintenant même, sous le régime apparent de la gratuité et de l'obligation, on ne l'y laisse que le moins longtemps possible, c'est qu'on s'y voit forcé par la nécessité de la vie. Il faut, si jeune soit-il, que cet enfant, garçon ou fille, ne reste pas plus longtemps une bouche inutile; il faut qu'il vienne prendre son rang dans la grande armée du travail, donnant son énergie, sa santé, tout ce qu'il a de force au minotaure capital, afin d'empêcher les siens et lui-même de mourir de faim. Qu'on vienne parler à ceux-là de la nécessité de s'instruire, de l'auto-éducation, de la bienfaisante libération des cerveaux, ne sont-ils pas en droit de répondre avec le fabuliste populaire :

Ne parle pas de liberté;
La pauvreté, c'est l'esclavage.

Il y a des exceptions, je le répète. Mais au point de vue général, l'enfant du peuple ne peut pas s'instruire; il ne peut pas faire son éducation. Le travail forcé auquel il est condamné s'y oppose. Pour qui veut voir les choses telles qu'elles sont, il n'y a aucune illusion à se faire là-dessus.

Au cours de ces dernières années, à Paris principalement, un mouvement s'est dessiné dans une direction un peu différente, et il en est sorti une rapide floraison d'institutions qu'on a appelées, assez improprement, des *Universités Populaires*.

Il eût mieux valu les appeler sociétés coopératives de fêtes et de conférences.

Je me garderais de médire des U. P., mais elles n'ont pas donné, en général, la dixième partie de ce qu'en espéraient les fondateurs. Quelques-unes, grâce à des efforts soutenus, à une excellente organisation, marchent à merveille; mais elles sont en petit nombre, et ne répondent pas au programme primitif.

La donnée première était en effet celle-ci : pour les gens de loisir animés de curiosité intellectuelle, l'enseignement supérieur, avec ses facultés, ses universités, offre de précieuses ressources. Il donne des cours publics dont peuvent profiter non seulement les étudiants régulièrement inscrits, qui poursuivent la conquête de grades universitaires et passeront des examens, mais encore toutes les personnes qui veulent et qui peuvent simplement s'instruire en écoutant des leçons intéressantes.

Le peuple, s'est-on dit, n'a rien de semblable à sa disposition; nous allons lui donner cet enseignement supérieur; ou mieux, nous allons lui fournir le moy n de se le procurer lui-même. Le jour étant absorbé par le travail, c'est le soir qu'on réservera aux leçons; les auditeurs ne pouvant aller chercher la manne intellectuelle, c'est chez eux, dans leur quartier, qu'on viendra la porter.

J'ai un peu travaillé, comme beaucoup d'autres, à créer des universités populaires; j'ai essayé d'y apporter un mince concours en disposant des soirées qui pouvaient me rester libres; et c'est de mes yeux qu'il m'a été donné de pouvoir constater ainsi de bien singuliers résultats. Je vais m'efforcer de résumer le plus brièvement possible les impossibilités générales qui s'opposent au fonctionnement qu'on avait rêvé.

D'abord, du côté des auditeurs, excès de fatigue après une journée de travail intensif; il faut de l'héroïsme, je l'ai déjà dit, pour aller écouter des leçons dans des conditions pareilles, et les héros sont rares; j'en ai vu, qui dormaient consciencieusement, et n'étaient pas venus là dans l'intention de dormir.

Du côté des conférenciers, loisirs irréguliers, entrecoupés; donc pas de cours, pas de leçons suivies; conférences sur des sujets disparates, et ne pouvant guère contribuer à la formation de l'esprit.

Du côté des fondateurs, fréquemment, une énorme majorité de petits bourgeois, d'employés, de gens très bien intentionnés, mais sans aucune connexion avec la classe laborieuse. On a ainsi des Universités Populaires sans peuple. Dans l'une de celles-là, un soir, je trouvai trois auditeurs; le secrétaire m'avait écrit la veille pour me rappeler ma promesse; il était absent. La conférence, à nous quatre, fut pleine de cordialité. Et comme je déplorais cette décadence : « Nous marchons au contraire « très bien, me fut-il répondu; il y a 200 à 250 inscrits; « seulement chacun verse sa cotisation, en se disant que « l'instruction est nécessaire pour le peuple, mais que « personnellement, lui, *le souscripteur*, n'en a aucun « besoin. »

Et toutes les conférences se passaient à peu près dans les mêmes conditions.

Enfin, toutes les difficultés signalées vinssent-elles à

disparaître, il en resterait encore une, supérieure à toutes les autres : c'est le manque de flexibilité du cerveau qu'apporte l'âge, joint à l'inaction. Lorsque l'intelligence n'a pu s'exercer de façon continue, lorsque les années ont passé, que certaines idées se sont incrustées, le nombre est bien faible de ceux qui peuvent encore avoir la capacité d'écouter, de raisonner et de critiquer. La conséquence, c'est qu'en matière d'éducation populaire, c'est sur la jeunesse, sur l'adolescence exclusivement qu'il faut faire porter l'effort. Ce sont ces générations qui ont en germe, dans leurs têtes et dans leurs cœurs, les transformations prochaines du monde.

Les vieux sont trop vieux, trop peu modifiables; leur suprême désir doit être que leurs enfants soient mieux armés pour la lutte qu'ils ne le furent eux-mêmes; leur suprême effort doit être de tout faire pour qu'il en soit ainsi.

Quelques U. P. se sont orientées dans cette voie ; quant aux autres, il est à désirer qu'elles subsistent. Mais leur rôle se bornera à l'organisation de bibliothèques de prêts, à l'institution de spectacles intellectuels, ou de fêtes familiales. Leur portée sociale et éducative ne franchira pas ces modestes limites.

VIII. — Le Prolétariat devant l'Éducation.

Il est peut-être plus facile maintenant au lecteur de comprendre l'exactitude de certaines affirmations que j'ai produites plus haut, sans avoir la possibilité ni le désir de les appuyer de preuves. La bourgeoisie contre-révolutionnaire, sortie de la Révolution, a commis, à son point de vue, une faute capitale, lorsqu'elle a fait le simulacre d'instituer l'instruction gratuite et obligatoire. L'adoption de la République, celle du suffrage universel n'étaient rien à côté de cette concession. La classe gouvernante a démontré que sous le nom de République, on peut gouverner exactement comme gouvernent les monarchies; elle a établi que le suffrage dit universel est un instrument sans danger, entre des mains habiles et peu scrupuleuses ; on le conduit comme une bête bien dressée. Mais laisser aux cerveaux des opprimés la moindre fissure permettant de s'évader vers la lumière, quelle imprudence ! Elle fut inspirée par la peur ; on se proposait bien d'accorder le nom et pas la chose ; la preuve en est qu'après vingt ans d'instruction obligatoire, le nombre des illettrés est encore considérable. Mais on avait admis un principe, on avait entrebaillé une porte. Il est désormais trop tard ; cette porte, on ne peut plus la refermer, et c'est par là que commence à passer déjà la révolution qui substituera un monde nouveau à la société présente.

Le peuple, actuellement, est toujours dans l'ignorance ; mais il sait que l'éducation est un bien ; il sait aussi qu'à ce bien, il a droit, en la personne de ses enfants qui montent à la vie. Ce droit, il l'exigera sans tarder. Et qu'on le comprenne bien, il ne s'agit plus de torturer de pauvres petits enfants auxquels on fera réciter quelques formules creuses apprises par cœur, pour les rejeter ensuite dans la vie, en leur disant : c'est bien suffisant pour vous. On se garderait même de réclamer pour eux le bénéfice de l'enseignement secondaire actuel ; le cadeau serait funeste. Ce qu'il faut, ce qui existera, parce que cela ne peut plus être autrement, c'est un enseignement intégral, préparatoire à la vie, utile à celui qui le reçoit à tous les instants, et limité uniquement dans sa durée par les capacités de celui qui le reçoit.

A tous, l'initiation. A tous la possibilité de l'étude. Et la prolongation de l'étude, aussi loin qu'il est possible, à tous ceux qui se montrent capables d'en profiter.

Une fois ce régime établi, naturellement, on verra disparaître cette hideuse excroissance universitaire qui s'appelle le baccalauréat, cette peau d'âne si indispensable aujourd'hui aux petits bourgeois, qui ne prouve rien, qui ne sert à rien, et sans laquelle on ne peut rien.

Mais les petits bourgeois, dont la destinée aujourd'hui est d'aller au lycée, grâce à l'argent do la famille, pendant que les petits prolétaires, vont en apprentissage, que deviendront-ils ? Ce qu'on voudra et ce qu'ils pourront; ils bénéficieront même des loisirs résultant pour eux de leurs situations privilégiées. Seulement, ils rencontreront la concurrence de la masse intelligente des enfants du peuple, et il en résultera peut-être quelques déplacements de situation.

Aujourd'hui, il est dans l'ordre que les médecins, les avocats, les magistrats, les ingénieurs, les hauts fonctionnaires, les officiers,..... se recrutent dans la bourgeoisie. En admettant — par hypothèse — l'utilité sociale de ces diverses situations, cette exclusivité ne me semble nullement nécessaire. Tel fils de bourgeois serait beaucoup mieux à sa place, et beaucoup moins malfaisant, derrière le comptoir d'un honnête épicier que derrière celui de Madame Thémis, où il trône à l'heure actuelle, revêtu d'un déguisement du moyen-âge.

Cette question de l'enseignement, de l'éducation, sous sa vraie forme, ne semble pas s'être posée encore impérativement. Mais il faudrait être aveugle pour la nier; les crises multiples de l'enseignement secondaire, dont nous avons parlé plus haut, l'annoncent d'une façon évidente; ce sont les premiers coups de cloche du tocsin.

Un autre élément, encore, moins visible aujourd'hui, mais qui ne tardera pas à produire son effet, c'est la séparation des Eglises et de l'Etat. Si insuffisante, si contradictoire que soit la loi dans son texte, il faudra pourtant bien lui faire produire ses conséquences, au moins en partie. Or l'un des points par lesquels l'Eglise catholique s'attachait le plus énergiquement à l'État, c'était le lycée, c'était l'enseignement secondaire. Quand on aura invité MM. les aumôniers des divers cultes à débarrasser de leur présence les établissements d'instruction, quand aura cessé ce scandale d'une « instruction religieuse » donnée officiellement au nom d'un état qui se proclame laïque, un changement bien profond se produira, et l'avènement de l'enseignement intégral, rationnel et à base scientifique ne se fera plus longtemps attendre.

IX. – Conclusion actuelle.

Le titre « L'Education de Demain », que j'ai choisi, m'oblige à présenter quelques explications, en terminant cette étude rapide. Que veut dire ce mot « demain »? J'entends par là ce qui succèdera nécessairement à l'état de choses actuel. Ce sera peut-être dans un an, peut-être dans un siècle.

Ce que les gouvernements doivent souhaiter, s'il leur reste une parcelle quelconque de sens critique, c'est que la transformation dont il s'agit s'accomplisse dans le plus bref délai. On ne peut en effet pousser l'illusion jusqu'au point de s'imaginer que l'état social actuel soit destiné à durer. Les fissures apparaissent de toutes parts, les craquements se font entendre; vraisemblablement, c'est sous la poussée des causes économiques et financières que se produira l'écroulement final, inévitable, un peu plus tôt, un peu plus tard; selon qu'alors on se trouvera en face d'une masse humaine ignorante, incapable de volonté, accessible à toutes les impulsions, ou bien d'une population à l'esprit robuste, préparée par une éducation rationnelle aux luttes de la vie, la physionomie de l'événement sera fort différente. Dans le dernier cas, le passage d'un état de choses au suivant pourra se faire pacifiquement ou à peu près. Sinon, ce sera une ère de violences dont aucun des exemples du passé ne saurait nous donner une idée exacte.

En aucun cas, les dirigeants d'aujourd'hui ne sauraient prétendre à garder leurs privilèges, pas plus que les nobles de l'ancien régime ne gardèrent les leurs à la fin du XVIIIe siècle. Ils auraient donc tout à gagner à préparer dès maintenant les voies à une transformation des esprits qui serait une sorte de soupape de sûreté contre les accidents à prévoir.

Ceci les regarde, et nous n'y pouvons que peu. La seule chose certaine, c'est que ce qui est ne peut durer. Et la chose très probable selon moi, c'est qu'une fois la crise passée, le problème de l'éducation sera résolu sous la forme que j'ai indiquée ci-dessus.

De ce que sera cette organisation sociale, en dehors de la question de l'éducation, je ne me suis pas préoccupé; ceci est en dehors de mon sujet. Mais si je m'étais proposé d'étudier simplement une question philosophique et théorique, je serais arrivé à des conséquences beaucoup plus brèves et beaucoup plus simples. Le jour, en effet, où la terre serait peuplée d'êtres raisonnables, les enfants seraient élevés raisonnablement, d'une façon toute naturelle; la liberté résoudrait toutes choses en s'aidant de la force que donne l'association.

Mais il serait bien chimérique de s'imaginer que la chute du système social actuel fera tout à coup luire la raison, comme par un coup de baguette magique, dans les cerveaux obscurcis qui composeront encore la plus grande partie de l'humanité. Il faudra sans doute encore bien du temps, avant qu'aux générations barbares d'aujourd'hui soit venue se substituer une humanité civilisée; c'est ce qui nous fera passer, vraisemblablement, par des états intermédiaires où les lois, les contraintes extérieures joueront encore un rôle; ces états ne seront pas plus insupportables que celui sous lequel nous vivons — la chose est assurément impossible — mais ils laisseront subsister des organisations collectives destinées à disparaître plus tard. C'est pourquoi j'ai ajouté à cette conclusion l'épithète « provisoire ».

Il est bien des points que j'ai dû laisser dans l'ombre. Il en est un cependant, que je ne veux passer entièrement sous silence, et dont je dirai quelques mots seulement en terminant cette étude. C'est celui de l'égalité des sexes devant l'éducation, et, comme conséquence, de la co-éducation.

Dans tout système rationnel et humain, la co-éducation s'impose; elle seule est morale; elle seule peut former des êtres humains sachant se respecter mutuellement, ayant de part et d'autre la conscience de leur dignité et de leur souveraineté sur eux-mêmes. Seul le fanatisme des abominables religions de haine et de mort a pu empoisonner notre éducation de l'odieux préjugé sexuel. Dans l'éducation professionnelle seule, la séparation a sa raison d'être, lorsqu'il s'agit de professions spéciales à un sexe ou à l'autre, les êtres humains, hommes ou femmes, étant égaux en droit et en dignité, dissemblables en aptitudes.

Mais, cette réserve mise de côté, il n'y a aucune objection possible contre un système d'éducation qui n'a donné que les meilleurs résultats, partout où l'on en a fait franchement et honnêtement l'application. Même en France, cette terre bénie des préjugés et de la routine, un admirable éducateur, Paul Robin, ne succomba dans sa tentative que sous les coups de la calomnie cléricale.

Il serait bon de ne pas déshonorer le joli mot d'*innocence* en le détournant sans cesse de son étymologie. Or, rien n'est moins innocent, rien n'est plus nuisible que l'ignorance. L'ignorant est un danger perpétuel, pour lui-même et pour les autres, par cela seul qu'il ne sait pas. Même avec de bonnes intentions, il est capable de tout.

Et c'est pour cela que nous voulons par des flots de lumière, par un torrent de vérité, faire graduellement une humanité éclairée, consciente, qui sache et qui veuille, véritablement innocente, dans le sens le plus élevé du mot, parce qu'elle aura rejeté tous les préjugés de caste, de situation, de nationalité, de sexe, qui engendrent la haine et encombrent la route vers l'avenir.

Imprim. LA PRODUCTRICE
— ASSOCIATION OUVRIÈRE —
51, Rue Saint-Sauveur, 51

— Téléphone : 121-78 —

www.ingramcontent.com/pod-product-compliance
Ingram Content Group UK Ltd.
Pitfield, Milton Keynes, MK11 3LW, UK
UKHW020510230726
13925UKWH00005B/2130

9 782013 458146